chubi
estermann

Dem Rechtschreiben auf der Spur

Bernd Jockweg | Claudia Vaubel-Graf

Wörter und Wortbausteine

Druckschrift

Heft 5

Inhaltsverzeichnis

Zusammengesetzte Nomen: Nomen + Nomen

Bei zusammengesetzten Nomen werden zwei oder mehrere Wörter zu einem Nomen verbunden. Man kann sie auf unterschiedliche Arten bilden.

Nomen + Nomen: das  + die  = die Haustür

1 Verbinde die passenden Bilder miteinander.

 ▲ Tisch	 ● Leiter	 ▲ Hals	 ■ Haus
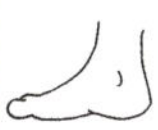 ▲ Fuß	 ■ Bein	 ● Tafel	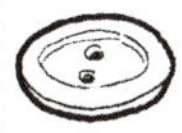 ▲ Knopf
 ■ Feuer	 ● Tür	 ▲ Baum	 ■ Tuch
 ■ Auto	 ▲ Ball	 ▲ Mantel	 ● Kreide

1

2 Schreibe die zusammengesetzten Nomen mit Begleiter auf.

der Tisch + das Bein = das Tischbein

Zusammengesetzte Nomen: Nomen + Nomen

Manchmal werden die beiden Nomen mit einem **s** verbunden.
Man nennt es „Fugen-s“:

die Geburt + der Tag = der Geburtstag

1 Lies die zusammengesetzten Nomen und markiere das Fugen-s.

 der Glückskäfer

 das Bootshaus

 der Adventskranz

 die Frühlingsblume

 der Liebesbrief

 das Arbeitsheft

 das Frühstücksei

 die Bahnhofsuhr

2 Trenne die zusammengesetzten Nomen aus Aufgabe **1**.
Schreibe wie im Beispiel.

das Glück + der Käfer

Zusammengesetzte Nomen: Nomen + Nomen

1 Setze die Nomen zusammen. Schreibe wie im Beispiel. Markiere dann das Fugen-s.

Denke an das Fugen-s. **!**

der Name + das Schild — das Namensschild

der Wirt + das Haus

der Urlaub + das Foto

das Boot + die Fahrt

das Leben + die Freude

der Frühling + die Rolle

das Wissen + die Lücke

der Mittag + die Zeit

2 Hier stimmt etwas nicht. Trenne die zusammengesetzten Wörter mit einer Linie.

Verkehrs|schlaf Mittagsschild Hochzeitskarte
Museumskleid Eintrittsbaum Weihnachtsdirektor

3 Setze die Wörter sinnvoll zusammen und schreibe sie mit Artikel auf.

Zusammengesetzte Nomen: Nomen + Nomen

Manchmal werden auch andere Buchstaben als Fugenelemente eingefügt: Mausefalle, Kinderwagen

1 Lies die zusammengesetzten Nomen und markiere das Fugenelement.

 die Tageszeitung

 der Blumentopf

 der Sonnenschirm

 das Kinderbuch

 die Hundeleine

 das Hosenbein

2 Trenne die zusammengesetzten Nomen aus Aufgabe **1**.
Schreibe wie im Beispiel.

der Tag + die Zeitung

3 Bilde zusammengesetzte Nomen und schreibe sie in dein Heft.

Geburtstag **s** – Kuchen, Kerze, Geschenk

Liebling **s** – Buch, Film, Fach

Zusammengesetzte Nomen: Nomen + Nomen

1 Setze die Nomen zusammen. Schreibe sie wie im Beispiel auf. Markiere dann die Fugenelemente.

Denke an die Fugenelemente. !

der Bauer + der Hof — der Bauernhof

die Woche + das Ende

der Geist + die Stunde

das Herz + der Wunsch

der Tag + das Buch

das Kind + der Garten

der Hund + das Futter

Wenn drei gleiche Buchstaben aufeinandertreffen, müssen alle geschrieben werden.
das Schiff + die Fahrt = die Schifffahrt

1

2 Setze die Nomen zusammen. Schreibe sie wie im Beispiel auf. Markiere dann die drei gleichen Buchstaben.

das Ballett + die Tänzerin — die Balletttänzerin

der Schritt + das Tempo

der Stoff + die Farbe

das Bett + das Tuch

der Stall + die Lampe

das Geschirr + der Reiniger

10

Zusammengesetzte Nomen: Verb + Nomen

Auch aus einem Verb und einem Nomen kann man zusammengesetzte Nomen bilden. Dabei verändern sich die Verben.

turnen + ▲  = der Turnschuh

1 Bilde aus Verben und Nomen zusammengesetzte Nomen. Schreibe sie mit Artikel auf.

Nomen werden immer großgeschrieben. **!**

fahren + ■  das Fahrrad

klappern + ●  ______

essen + ▲  ______

trinken + ●  ______

hüpfen + ●  ______

baden + ●  ______

2 Bilde zusammengesetzte Nomen mit „reiten“. Schreibe sie mit Artikel auf.

reiten –
- der Stiefel — der Reitstiefel
- das Pferd — ______
- der Sattel — ______
- der Verein — ______
- der Lehrer — ______

2

3 Unterstreiche die Artikel in Aufgabe **2**. Was fällt dir auf?

______

Zusammengesetzte Nomen: Verb + Nomen

1 Trenne die zusammengesetzten Nomen und schreibe das Verb und das Nomen wie im Beispiel auf.

das Stinktier: stinken + das Tier

das Reitpferd:

die Wanderratte:

das Kuscheltier:

der Singvogel:

der Brummbär:

der Kletteraffe:

2 Lies den Text.
Unterstreiche die 6 zusammengesetzten Nomen.

Jonathan sitzt auf seinem Rennrad. Er hat sich mit Hassan auf dem Spielplatz verabredet. Der ist mit dem Bus gekommen und wartet schon an der Haltestelle. Als Erstes laufen sie zur Turnstange. Hassan möchte dort seinen neuesten Trick vorführen. Anschließend gehen die beiden zum Klettergerüst. Schnell sind sie oben und genießen den Blick auf die Spielgeräte.

3 Trenne die zusammengesetzten Nomen aus Aufgabe **2** und schreibe sie wie im Beispiel in dein Heft.

das Rennrad = rennen + das Rad

Zusammengesetzte Nomen: Adjektiv + Nomen

Auch aus einem Adjektiv und einem Nomen kann man zusammengesetzte Nomen bilden.

bunt + ▲  = der Buntstift

1 Bilde aus Adjektiven und Nomen zusammengesetzte Nomen. Schreibe sie mit Artikel auf.

Nomen werden großgeschrieben. **!**

kühl + ▲ 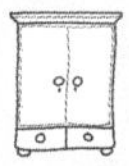 der Kühlschrank

falsch + ■ 

klein + ■ 

alt + ■ 

voll + ● 

hoch + ■ 

2 Bilde zusammengesetzte Nomen mit „neu“. Schreibe sie mit Artikel auf.

neu –
- der Bau — der Neubau
- das Jahr
- der Anfang
- die Zeit
- der Schnee

3

3 Unterstreiche die Artikel in Aufgabe **2**. Was fällt dir auf?

Zusammengesetzte Nomen: Adjektiv + Nomen

1 Trenne die zusammengesetzten Nomen und schreibe das Verb und das Nomen wie im Beispiel auf.

! Adjektive werden kleingeschrieben.

der Weitsprung — weit + der Sprung

der Schwarztee

die Schönschrift

die Rundfahrt

der Kleinwagen

die Spitzmaus

2 Lies den Text.
Unterstreiche die 8 zusammengesetzten Nomen.

Letzte Nacht hatte Joschua einen verrückten Traum. Er war mit seiner Klasse im Zoo. An der Kasse begrüßte ihn ein grimmiger Braunbär. Ein freundlicher Graureiher prüfte die Tickets. Vor dem ersten Gehege stand ein Rudel Wildkatzen und betrachtete interessiert eine kleine Spitzmaus, die hinter dem Zaun auf und ab lief. Auf dem Weg spazierte eine Frau mit einem Rothirsch an der Leine. Ein Faultier hing gemütlich im Baum und schaute einem Grünspecht zu, der einen kleinen Tanz aufführte. Auf der Fahrt zurück saß ein Schwarzbär am Steuer des Busses und brachte die Klasse zurück zur Schule.

3 Trenne die zusammengesetzten Nomen aus Aufgabe **2** und schreibe sie wie im Beispiel in dein Heft.

der Braunbär = braun + der Bär

Wichtige Wörter

Setze die Reihe fort:

Dienstag
Mittwoch
Donnerstag
Dienstag
Mittwoch
Donnerstag

25

1 Mit welchen Wörtern kannst du zusammengesetzte Nomen bilden? Verbinde.

das Haus	der Vater
groß	die Bürste
schaukeln	die Nummer
der Zahn	das Pferd
bunt	die Schlacht
das Kissen	der Stift
lesen	das Buch

2 Schreibe die zusammengesetzten Nomen aus Aufgabe 1 auf.

die Hausnummer,

4

Zusammengesetzte Nomen: Übungen

1 Hier stimmt etwas nicht. Trenne die zusammengesetzten Nomen mit einer Linie.

Sing|beere Frühvogel Wasserstück Flughose

Erdzeug Badestab Zauberburg Hüpfhahn

2 Setze die Wörter sinnvoll zusammen und schreibe sie mit Artikel auf.

der Singvogel,

3 Bilde mit den Wörtern Wortketten aus zusammengesetzten Nomen.

Haus Tür Schloss Garten Zaun König Mantel Knopf Loch

Haustür, Türschloss,

4 Löse das Kreuzworträtsel, indem du Nomen mit dem Wort „Buch" bildest.
Schreibe jeden Buchstaben in ein eigenes Kästchen.

Die Lösungswörter stehen unten. !

1. Hier kann man Bücher kaufen.
2. Darin stehen verschiedene Texte und Geschichten.
3. Auf ihr ist der Text gedruckt.
4. Hier schreibt man jeden Tag hinein.
5. Er verkauft Bücher.

Lösungswort:

Lesebuch Buchhändler Buchseite Buchladen Tagebuch

Zusammengesetzte Adjektive: Nomen + Adjektiv

Bei zusammengesetzten Adjektiven werden zwei oder mehrere Wörter zu einem Adjektiv verbunden. Dadurch wird ihre ursprüngliche Bedeutung verstärkt.
Nomen + Adjektiv: das Haus + hoch = haushoch

1 Bilde zusammengesetzte Adjektive.

Adjektive werden immer kleingeschrieben. **!**

●  + leicht federleicht

▲  + reich ______

■  + schön ______

▲  + schnell ______

■  + rot ______

■  + scharf ______

▲  + finster ______

5

2 Ersetze die einfachen Adjektive durch zusammengesetzte Adjektive.
Nutze dafür die Wörter im Kasten.

Zucker Schnee Wunder Kinder Faust

eine ~~süße~~ zuckersüße Erdbeere

eine leichte ______ Rechenaufgabe

ein schöner ______ Sonnenuntergang

ein weißes ______ Pferd

eine dicke ______ Lüge

Zusammengesetzte Adjektive: Adjektiv + Adjektiv

Man kann auch aus zwei Adjektiven ein zusammengesetztes Adjektiv bilden.
Adjektiv + Adjektiv: dunkel + blau = dunkelblau

1 Bilde zusammengesetzte Adjektive. Verbinde und schreibe auf.

bitter	wach	blass	stark
hell	kalt	bitter	rosa
wild	sauer	laut	böse
süß	fremd	hell	grau

6

2 Lies den Text.
Markiere zunächst alle schwierigen Stellen, auf die du besonders achten musst.

Raben sind kluge Tiere. Neue Probleme lösen sie oft auf schlaue Weise. Es gibt Raben, die Autos als Nussknacker benutzen. Steht ein Auto vor einer roten Ampel, legen sie schnell eine Nuss auf die Straße. Sobald das Auto darüberfährt und die Nuss geknackt ist, holen sie sich den leckeren Inhalt.

Schreibe den Text auf Seite 16 ab.

11

Zusammengesetzte Adjektive: Fugenzeichen

Manchmal brauchst du zwischen Nomen und Adjektiven, wenn du sie zusammensetzt, ein Fugenzeichen.

1 Bilde zusammengesetzte Adjektive und färbe die Fugenbuchstaben.

Adjektive werden immer kleingeschrieben. **!**

●  + grau taubengrau

▲  + stark

●  + fleißig

▲  + groß

▲  + müde

▲  + schwarz

5

2 Hier ist Platz für den Abschreibtext von Seite 15. Kontrolliere am Ende noch einmal ganz genau.

Zusammengesetzte Adjektive: Fugenzeichen

1 Lies den Text.
Welche zusammengesetzten Adjektive sind hier versteckt? Schreibe sie unten auf.

Dietlinde ist eine  gute Prinzessin. Sie lebt im fernen Königreich Rosaria in einem  großen Schloss. Eines Tages hört sie von draußen einen  betäubenden Knall.  kalt läuft es ihr den Rücken hinunter. Starr vor Schreck steht sie  gerade am Fenster ihres Zimmers und schaut angstvoll in den  grünen Wald. Was ist nur passiert?

2 Wie könnte die Geschichte weitergehen? Schreibe deine Geschichte auf, wenn du möchtest.

Wichtige Wörter

Setze die Reihe fort:

hellgrün
dunkelblau
süßsauer
hellgrün
dunkelblau
süßsauer

25

Zusammengesetzte Adjektive: Verb + Adjektiv

Auch aus einem Verb und einem Adjektiv kann man zusammengesetzte Adjektive bilden. Dabei verändern sich Verben.
Verb + Adjektiv: waschen + echt = waschecht

1 Bilde zusammengesetzte Adjektive. Verbinde und schreibe dann auf.

kuscheln	weich	pflegen	frisch
backen	behindert	fangen	arm
sehen	fertig	betteln	leicht

______________________ ______________________

______________________ ______________________

______________________ ______________________

2 Setze die Wörter aus Aufgabe **1** passend in die Sätze ein.

Die Decke auf dem Sofa ist ______________________.

Der Mann mit der gelben Armbinde ist ______________________.

Im Restaurant gibt es heute ______________________ Fisch.

Der Trend geht zu ______________________ Backwaren.

Hamster und Fische sind ______________________ Haustiere.

Das Sterntalermädchen ist ______________________.

Zusammengesetzte Adjektive: Übungen

1 Trenne die zusammengesetzten Adjektive wie im Beispiel.

himmel|blau kreidebleich blaugrau eisglatt hellgrün
kleinlaut schreibfaul hellwach quietschvergnügt

2 Aus welchen Wortarten wurden die zusammengesetzten Adjektive gebildet? Ordne zu und schreibe wie im Beispiel.

Nomen + Adjektiv

himmelblau = der Himmel + blau

Adjektiv + Adjektiv

6

Verb + Adjektiv

! Schreibe die Verben in der Grundform.

3 Ein Wort in jeder Reihe passt nicht zu den anderen. Streiche es durch.

hellblau	zartrosa	dunkelgrün	bügelfrei	feuerrot
zartbitter	superscharf	süßsauer	honigsüß	steinhart
bärenstark	ofenfrisch	lammfromm	aalglatt	hundemüde

Zusammengesetzte Adjektive: Übungen

1 Lies den Text und löse das Rätsel.

Wer bin ich?

Tiere, die mit mir in der afrikanischen Savanne leben, beneiden mich um meinen meterlangen Hals. Damit kann ich selbst bei haushohen Bäumen kinderleicht die saftiggrünen Blätter erreichen. Mit meiner dunkelblauen Zunge und meinem samtweichen Maul rupfe ich sie vorsichtig von den Zweigen. Mein braunbeige geflecktes Fell dient mir als Tarnung vor Feinden.

Ich bin ...

☐ 

☐ 

☐ 

☐ 

2 Unterstreiche die 7 zusammengesetzten Adjektive in Aufgabe **1**.
Trenne sie und schreibe sie wie im Beispiel in dein Heft.

meterlang: der Meter + lang

3 Hier stimmt etwas nicht!
Trenne die zusammengesetzten Adjektive mit einer Linie.

lau|gestreift	querweiß	schneewarm	stinknass
tropffaul	rabenkalt	eisschön	wunderschwarz

4 Setze die Wörter aus Aufgabe **3** sinnvoll zusammen und schreibe sie auf.

Auch Verben kann man aus verschiedenen Wörtern zusammensetzen, das ist aber eher selten. Sie werden auf unterschiedliche Arten gebildet:
Nomen + Verb: der Staub + saugen = staubsaugen

1 Bilde zusammengesetzte Verben.
Verbinde und schreibe dann auf.

Verben werden kleingeschrieben. !

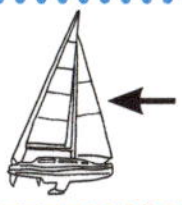	fliegen	segelfliegen
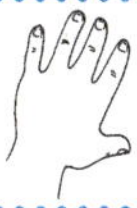	rechnen	
	stehen	
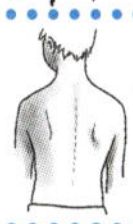	springen	
	arbeiten	
	baden	
	schwimmen	
	wandeln	

2 Welche der Verben aus Aufgabe **1** passen? Trage ein.

In unserer Klasse gibt es viele Talente. Samir, unser Mathe-As, kann gut ____________. Sein Freund Konstantin liebt das Wasser und kann besonders gut ____________. Auch Helene ist sehr sportlich. Sie kann prima ____________.

12

Adjektiv + Verb und Verb + Verb

Manchmal werden auch ein Adjektiv und ein Verb oder zwei Verben zu einem neuen Verb zusammengesetzt.
Adjektiv + Verb: hoch + klettern = hochklettern
Verb + Verb: kennen + lernen = kennenlernen

1 Bilde zusammengesetzte Verben.

schön	lassen	schief	schreiben
stehen	fallen	bleiben	gehen
schwer	reden	groß	bleiben
hoch	pumpen	sitzen	lassen

2 Aus welchen Wortarten wurden die zusammengesetzten Verben gebildet? Ordne zu und schreibe wie im Beispiel.

Adjektiv + Verb

schön + reden = schönreden

Verb + Verb

8

Zusammengesetzte Verben: Übungen

Im Satz werden manchmal die beiden Wortteile eines zusammengesetzten Verbes voneinander getrennt.
hochklettern: Alina klettert die Leiter hoch.

1 Trenne die Wörter im Kasten mit einem Strich in zwei Wortteile.

sitzen|bleiben hochfahren freiräumen schwertun

2 Im Text kommen die Verben aus Aufgabe 1 getrennt vor.
Finde die getrennten Verben und unterstreiche sie.

Jakob ist nicht besonders gut in der Schule und hat Sorge, er bleibt am Ende des Schuljahres sitzen. Besonders mit Englisch tut er sich schwer. Er möchte ab jetzt jeden Tag Vokabeln lernen. Er startet direkt nach dem Mittagessen und fährt seinen Computer hoch. Während er wartet, räumt er schon einmal seinen Schreibtisch frei.

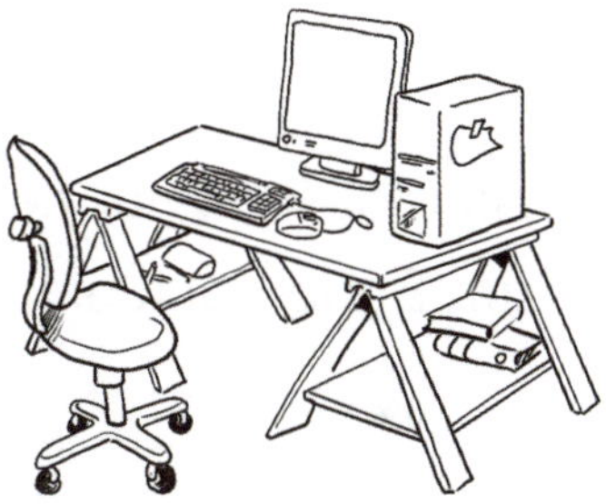

3 Im Text sind 3 zusammengesetzte Nomen versteckt. Finde sie und schreibe sie mit Artikel auf.

4 Schreibe den Text auf Seite 24 ab.
Markiere zunächst alle schwierigen Stellen, auf die du besonders achten musst.

Zusammengesetzte Verben: Übungen

1 Hier stimmt etwas nicht! Trenne die zusammengesetzten Nomen, Verben und Adjektive mit einer Linie.

felsen|gesund kernklar sternenfest schlafkühn
tolltuch Bettecht Stirnwandeln waschlampe

2 Setze die Wörter sinnvoll zusammen und schreibe sie auf.

Achte auf Groß- und Kleinschreibung!

3 Hier ist Platz für den Abschreibtext von Seite 23. Kontrolliere am Ende noch einmal ganz genau.

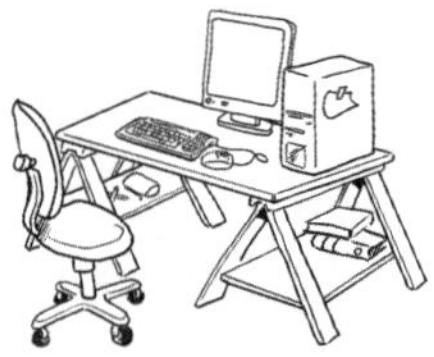

Übungen für Experten

1 Finde die 14 zusammengesetzten Wörter und unterstreiche sie.

Für Kinder im Mittelalter sah das Leben ganz anders aus als heute. Vor allem für die Bauernkinder war das Leben oft sehr arbeitsreich und so etwas wie Freizeit gab es nicht. Auch ein Schulbesuch war nicht üblich. Jungen und Mädchen waren wertvolle Arbeitskräfte und mussten von früh bis spät Schwerstarbeit vollbringen. In den Wintermonaten blieb etwas mehr Zeit zum Spielen. Auch damals gab es schon Spielzeug. Da die meisten Kinder in Großfamilien lebten, gab es gleichzeitig auch viele Spielkameraden.

2 Ordne die Wörter aus Aufgabe **1** den Wortarten zu und schreibe sie auf.

Nomen (10)

Adjektive (3)

Verb (1)

Wichtige Wörter

Setze die Reihe fort:

Fahrrad
Geburtstag
Schwimmbad
Fahrrad
Geburtstag
Schwimmbad

25

1 Mit welchen Wörtern kannst du zusammengesetzte Wörter bilden? Verbinde.

Schiff	räumen
leer	Fetzen
lesen	Fahrt
Stoff	Ecke
brennen	Liga
hoch	halten
Fußball	Nessel

2 Schreibe die gefundenen Wörter auf. Markiere schwierige Stellen.

Schifffahrt,

10

Wortfamilien

Wörter mit gleichem oder ähnlichem Wortstamm bilden eine **Wortfamilie**. Du kannst die Schreibweise auf andere Wörter der Wortfamilie übertragen.
fahren – Fahrer – befahrbar

1 Umkreise alle Wörter, die zu einer Wortfamilie gehören mit der gleichen Farbe.

wohnen schlaflos auslachen Schlaf Lachanfall Gelächter ruhelos
schläfrig lachen Wohnzimmer lächeln schlafen bewohnen ruhig
beruhen Wohnung gewohnt beruhigen Ruhe Schlafanzug

2 Ordne die Wörter den passenden Wortfamilien zu und schreibe sie auf. Kreise jeweils die Wortstämme ein.

-wohn- wohnen ______________________

____

-lach-/-läch- ______________________

____

-schlaf- ______________________

____

-ruh- ______________________

____

Wortfamilien

1 Streiche alle 5 Wörter, die nicht zur Wortfamilie „fahren“ gehören.

Gefahr Fahrstuhl Rückfahrt parken wegfahren fahrbar erfahren
Fahrt fährt Erfahrung Bahn Fahrzeug losfahren Auto Gefahr
Fahrschule Fahrplan Abfahrt rollen Fahrer Fahrzeug Fahrbahn
Vorfahrt befahrbar Fahrstuhl Fahrrad Fähre Rad umfahren
Gefährt Busfahrt abfahren gefährlich Fahrpreis Klassenfahrt

2 Finde jeweils sechs Nomen und Verben der Wortfamilie „fahren“ und schreibe sie passend auf.

Der Wortstamm bleibt erhalten. !

Nomen	Verben

3 In jeder Reihe gehört ein Wort nicht zur Wortfamilie. Streiche es durch. Umkreise in jedem Wort den Wortstamm.

Trinkflasche	trinken	Trinkwasser	Saft	trinkbar
befreien	frei	Freude	Freiheit	befreit
Sonntag	sonnig	Sonnenmilch	Sonne	hell
verkaufen	Einkauf	Kaufhaus	Kasse	kaufen
sägen	Baumsäge	Sägespäne	absägen	Ast

Wortfamilien

1 Umkreise gleiche Wortstämme mit der gleichen Farbe.

schlafen spielend Schlafanzug stellen einschlafen

Fußballspiel anstellen spielen Stelle

2 Setze die Wörter aus Aufgabe **1** in der passenden Form ein.

Levin ist müde und möchte __________ gehen. Schnell zieht er den __________ an und putzt sich die Zähne. Kaum liegt er im Bett, __________ er auch schon __________.

Zoe kommt vom __________ nach Hause. Sie ist enttäuscht: Ihre Mannschaft hat nur unentschieden __________. Leo tröstet sie: „Keine Sorge. Das nächste Mal gewinnt ihr __________ leicht.“

Martina __________ ihre Frühstücksdose auf den Tisch. „Den Apfel esse ich nicht. Der hat braune __________.“ Ihr Bruder verdreht die Augen. „Nun __________ dich nicht so __________!“

27 LZK

Vorsilben: Nomen

Mit Hilfe von Vorsilben kann man neue Nomen bilden.

ab- → Fahrt → Abfahrt

an- → Fahrt → Anfahrt

1 Bilde sinnvolle Nomen und schreibe sie mit Artikel auf.
Jeweils eine der Vorsilben passt nicht.

Nomen schreibt man groß. **!**

auf- um- be- unter- an-	▲ Zug

ab- auf- mit- über- aus-	● Sicht

______________________ ______________________

______________________ ______________________

______________________ ______________________

______________________ ______________________

2 Trage passende Nomen aus Aufgabe **1** in die Lücken ein.

Anton hat für die Feier seinen schönsten ______________ an.

Der ______________ fährt bis in den 5. Stock.

Der ______________ von Berlin nach Zürich wird anstrengend.

Johanna hat das Glas nicht mit ______________ kaputt gemacht.

Was für ein Durcheinander! Ich habe die ______________ verloren.

Herr Widmer hat in der großen Pause ______________.

Vom Gipfel aus hat man eine fantastische ______________ ins Tal.

Vorsilben: Nomen

1 Bilde mit den Vorsilben neue Nomen und schreibe sie mit Artikel auf.

auf-

- ● Gabe
- ● Fahrt
- ▲ Satz
- ▲ Tritt

aus-

- ■ Land
- ▲ Flug
- ▲ Weg
- ● Wahl

um-

- ▲ Hang
- ▲ Bau
- ▲ Fang
- ▲ Bruch

an-

- ● Rede
- ▲ Satz
- ● Gabe
- ● Zahl

2 Welcher Wortbaustein muss vor dem Nomen stehen?

Nomen schreibt man groß. !

unter- um- über-	Der ______fall auf die Tankstelle wurde verhindert.
an- ein- be-	Auf dem Briefumschlag fehlt noch die ______schrift.
unter- aus- ab-	Die ______fahrt des Zuges ist um 8:20 Uhr.
an- mit- aus-	Nazrin macht eine ______bildung als Schreinerin.

Wichtige Wörter

Setze die Reihe fort:

vorbei

vorher

voraus

vorbei

vorher

voraus

25

Die Vorsilben **vor-** und **ver-** schreibt man immer mit **v**. !

1 **vor-** oder **ver-**?
Bilde sinnvolle Nomen.

vor-	Stellung
ver-	Handlung
	Mittag
	Fahrt
	Schlag
	Käufer
	Hang
	Bild

2 Schreibe die gefundenen Nomen mit Artikel auf.

die Vorstellung,

3 **vor-** oder **ver-**? Setze richtig ein.

Samuel macht Linus einen ______schlag.

Jan besucht eine ______stellung im Theater.

Edith ist voller ______freude.

Der ______käufer berät seine Kunden.

Das Eichhörnchen legt einen ______rat an.

Barak macht einen neuen ______such.

13

Vorsilben: Adjektive

Mit der Vorsilbe **un-** kannst du aus vielen Adjektiven das Gegenteil bilden: klar – unklar

1 Finde die 7 Adjektive in der Geschichte und unterstreiche sie.

Wenn Mira glücklich ist, erscheint ihr die Welt interessant. Dann ist sie höflich zu allen Menschen und schaut jeden freundlich an. Sie isst nur gesunde Sachen und ihr Zimmer ist aufgeräumt und ordentlich.

2 Lies die Geschichte noch einmal. Setze dieses Mal in Gedanken vor jedes Adjektiv die Vorsilbe **un-**. Wie hat sich der Text verändert?

3 Schreibe die Adjektive aus Aufgabe 1 in die Tabelle. Bilde das Gegenteil mit **un-** und schreibe es in die Spalte daneben.

Adjektiv	Gegenteil
glücklich	unglücklich

14

Vorsilben: Verben

Mit Vorsilben kann man Verben genauer beschreiben:

ab- / auf- → schreiben → abschreiben / aufschreiben

Man kann auch ihre Bedeutung verändern:

an- / auf- → geben → angeben / aufgeben

1 Bilde sinnvolle Verben und schreibe sie auf.
Achtung: Jeweils eine Vorsilbe passt nicht.

ab- ent- ver- unter- an- be-	sprechen

ab- auf- mit- vor- be- an-	stellen

2 Setze Wörter aus Aufgabe **1** sinnvoll ein.

Ich musste Julian ______, dass ich vorsichtig bin.

Wir müssen ______, wie wir das machen.

Cidra möchte gerne eine Pizza ______.

Der Trainer will Mario beim nächsten Spiel ______.

Vorsilben: Verben

1 Was tun diese Menschen? Kreise die passende Vorsilbe ein.
Schreibe die Verben auf.

ein-
ver-
kaufen

ein-
aus-
gießen

auf-
an-
fangen

los-
an-
ziehen

2 Bilde sinnvolle Verben und schreibe sie auf. Achtung: Immer ein Verb passt nicht.

mit-

machen
nehmen
fahren
kommen
finden
teilen
fühlen

be-

suchen
sprechen
kommen
krachen
nehmen
sorgen
schließen

Vorsilben: Verben

Wenn zwei gleiche Buchstaben aufeinandertreffen, müssen beide geschrieben werden: auf- + finden = auffinden

1 Bilde sinnvolle Verben und schreibe sie auf.

auf-	füllen fangen führen fordern fliegen	aus-	suchen sägen sagen stellen setzen

15

2 Setze das Wort „fahren" mit der passenden Vorsilbe ein.

mit-
be-
ver-
ab-
los-
weg-

Jan ist spät dran und muss endlich ________.

Glaubst du, der Zug wird pünktlich ________?

Kann ich bei dir ________?

Sie versperren den Weg. Können Sie bitte ________?

Die Strasse ist stark ________.

Juri fragt nach dem Weg. Er hat sich ________.

Vorsilben: Verben

1 **vor-** oder **ver-**? Bilde sinnvolle Verben.
Achtung: Manchmal passen auch beide Vorsilben.

vor-
ver-

suchen
sprechen
drängeln
kaufen
sagen
bereiten

2 Schreibe die gefundenen Verben auf.

vor-	ver-

15

3 **vor-** oder **ver-**? Setze richtig ein.

Ria möchte ihr Fahrrad ver kaufen.

Moritz hat sich ______ gedrängelt.

Du hast es mir ______ sprochen!

Das kann ich mir gut ______ stellen.

Kannst du mich ______ stehen?

Sinan ______ steckt sich hinter der Mauer.

Wichtige Wörter

Setze die Reihe fort:

verlieren
vergessen
verletzen
verlieren
vergessen
verletzen

25

Vorsilben: trennbare Verben im Satz

Manchmal werden Verben mit Vorsilben im Satz voneinander getrennt.
aussuchen: Mila sucht sich ein Spiel aus.

1 Finde in jedem Satz die beiden Verbbausteine und unterstreiche sie.

Julia macht beim Sportwettkampf mit.
Früh am Morgen fährt sie mit dem Fahrrad los.
Nach kurzer Zeit trifft sie am Sportplatz ein.
Ihr Vater kommt später nach.
Er bringt Julias Trinkflasche mit.
Bald geht das Wettrennen los.
Der Vater feuert Julia an.
Sie kommt als zweite im Ziel an.
Die Zuschauer jubeln ihr begeistert zu.
Zu Hause hängt sie stolz die Urkunde auf.

16

2 Schreibe die gefundenen Verbformen aus Aufgabe **1** in der Grundform auf.

mitmachen,

3 Trenne die Vorsilbe und das Verb mit einer Linie. Schreibe dann Sätze, in denen Verb und Vorsilbe voneinander getrennt sind.

anziehen   losfahren   vormachen   ausfallen

Vorsilben: trennbare Verben im Satz

1 Was tun diese Menschen? Kreise die passende Vorsilbe ein.

 Can	ab- ent-	schließen	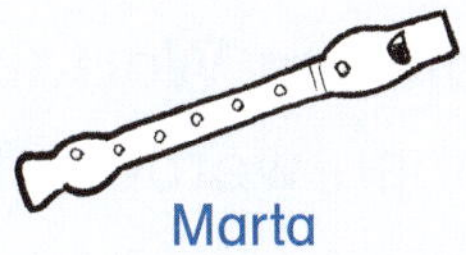 Marta	mit- vor-	spielen
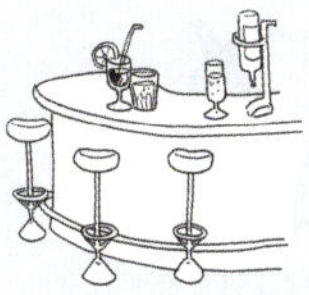 Eltern	aus- unter-	gehen	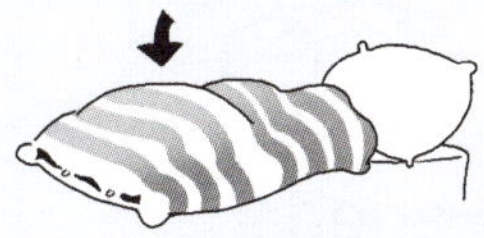 Amina	ent- zu-	decken

2 Schreibe in Sätzen auf, was die Menschen in Aufgabe **1** tun.

Can schließt die Tür ab. ______________________________

____

____

____

____

3 Setze die passende Vorsilbe ein.

Die Lehrerin liest aus einem Sachbuch ______.

Mohamed macht die Flasche ______.

Opa holt Emre von der Schule ______.

Nadine steht an der Kasse ______.

Die Chefin stellt den neuen Mitarbeiter ______.

Der Gärtner sägt den Ast ______.

Im Theater treten Schauspieler ______.

Ella nimmt ihren Bruder ______ ins Kino.

auf
ab
vor
vor
an
mit
auf
ab

Vorsilben: Übungen für Experten

Die Vorsilbe **ver-** schreibt man immer mit **v**. Es gibt nur fünf deutsche Wörter, die am Wortanfang gleich klingen, aber mit **Fer-** oder **fer-** geschrieben werden. Es handelt sich dabei aber nicht um Vorsilben.

Ferkel

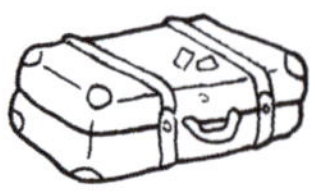
Ferien

Ferse

fern

fertig

Zu jedem dieser Wörter gehört eine Wortfamilie.

1 Ordne die Wörter den passenden Wortfamilien zu und schreib sie auf.

Ferienhaus backfertig Fernglas Fersengeld Spanferkel fertigstellen
Fernweh Fertigsuppe fernsehen Reitferien Entfernung entfernt
Herbstferien Fernbus Ferkelzucht anfertigen Ferienfreizeit Fersengang

Ferkel

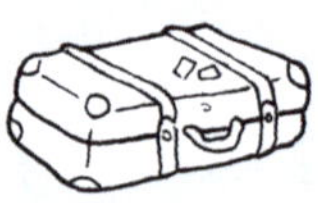
Ferien

Ferse

fern

fertig

Vorsilben: Übungen für Experten

1 **ver–** oder **fer–**? Setze die richtige Vorsilbe ein.

> Ist die 2. Silbe betont, schreibt man **ver–/ver–**. **!**

> Achte auch auf Groß- und Kleinschreibung. **!**

In den Sommer______ien ______reisen wir nach Frankreich. Meine Eltern haben ein Haus am Atlantik gemietet. Ich hoffe sehr, dass es dort einen ______nseher gibt. Das habe ich meinen Eltern aber nicht ______raten. Sie mögen es nicht so gerne, wenn ich zu viel Zeit vor dem Bildschirm ______bringe. Letztes Jahr hat sich mein Vater auf der Hinfahrt ______fahren. Er wollte dem großen Reise______kehr auf der Autobahn ausweichen und ist über die Landstraße gefahren. Mama war ganz schön ______ärgert. Als wir endlich mit viel ______spätung am Ziel angekommen sind, waren wir alle fix und ______tig. In diesem Jahr haben meine Eltern einen ______trag abgeschlossen: Papa hat ______sprochen, keine Umwege zu fahren und Mama will ______suchen, sich nicht aufzuregen.

24

2 Schreibe zu jedem Verb ein verwandtes Nomen auf.

verkaufen	______	verstecken	______
versuchen	______	verbieten	______
vorschlagen	______	vortragen	______

Wortfamilien

1 Umkreise alle Wörter, die zu einer Wortfamilie gehören, mit der gleichen Farbe.

Trage freundlich tragen lebendig Betrag Leben
Freund beleben Freundeskreis tragfähig erleben
Freundschaft vertragen Briefträger du trägst leblos
austragen leben anfreunden lebenslustig tragbar
überleben befreundet lebhaft freundschaftlich

2 Schreibe die Wörter aus der Wörterbox zu den passenden Wortfamilien. Kreise jeweils die Wortstämme ein.

-trag/träg- Trage, ______________________________

____

____

-leb- ____________________________________

____

____

-freund- ____________________________________

____

____

3 In jeder Reihe gehört ein Wort nicht zur Wortfamilie. Streiche es durch. Umkreise in jedem Wort den Wortstamm.

Flugzeug	Fliegenpilz	Fliege	Wolken	abfliegen
Liebling	lieblich	Herz	verliebt	Tierliebe
haben	gehören	Inhaber	vorhaben	Habgier
Runde	aufrunden	rundherum	rund	Kreis

Wortfamilien

1 Streiche alle sechs Wörter durch, die nicht zur Wortfamilie **-geb- / -gab-** gehören.

geben	Vergebung	Gabe	begabt	Spielzeug	begeben	Arbeitgeber
Aufgabe	umgeben	Rundlauf	Angabe	angeblich	Ergebnis	beliebt
Ausgabe	drehen	maßgeblich	ergeben	ausgeben	hergeben	
übergeben	zugeben	Ausflug	Abgabe	angeblich	Begebenheit	
Geldgeber	liebenswürdig	Vergabe	Ratgeber	Eingabe	Umgebung	

2 Finde jeweils sieben Nomen und Verben der Wortfamilie **-geb- / -gab-** in der Wörterbox. Schreibe sie in die passende Spalte.

Nomen	Verben

3 Schreibe hier alle Wörter mit dem Wortstamm **-reich-** auf, die dir einfallen.

! Schlage im Wörterbuch nach, wenn dir nichts mehr einfällt.

Wortfamilien

1 Umkreise gleiche Wortstämme mit der gleichen Farbe.

schreiben Sand Sorge beschreiben versorgen
sandig Sandburg Beschreibung besorgen

2 Setzte die Wörter aus Aufgabe 1 in der passenden Form ein.

Frieda ____________ einen Brief an ihre Freundin Emma. Darin ____________ sie, was sie in der Woche so alles gemacht hat. Emma findet Friedas ____________ gelungen.

Vanessa und Jonathan sitzen am Meer im ____________ und bauen eine große ____________. Als sie nach Hause gehen, sind ihre Kleider ganz ____________.

Sven fährt bald in den Urlaub und macht sich ____________ um seine Meerschweinchen. Er fragt Sebastian, ob er sie ____________ kann, während er weg ist. Sebastian ist einverstanden und fragt, welches Futter er ____________ soll.

LZK

27

Nachsilben bei Nomen: -ung

Mit der Nachsilbe **-ung** kann man aus vielen Verben Nomen bilden:
üben – die Übung

1 Ordne jedem Verb das passende Nomen zu.

Verb	Nomen
wohnen	Erzählung
erzählen	Sammlung
sammeln	Wohnung

Verb	Nomen
zeichnen	Steuerung
steuern	Wanderung
wandern	Zeichnung

2 Schreibe die Wortpaare aus Aufgabe 1 auf.

wohnen – die Wohnung

______

______

______

______

______

3 Setze die Wortpaare aus Aufgabe 2 passend in die Sätze ein.

Brigitte kann sehr gut ______. Eine ihrer ______ hängt bei ihrer Tante Moni im Flur.

Lieselotte ______ gerne. Die längste ______, die sie gemacht hat, war 25 km.

Opa ______ lustige Gartenzwerge. Das neueste Stück seiner ______ trägt eine karierte Badehose.

24

Nachsilben bei Nomen: -ung

1 Bilde aus jedem Verb ein Nomen mit der Endung **-ung** und schreibe es mit Artikel auf. Unterstreiche dann jeweils den Artikel. Was fällt dir auf?

lösen	retten	warnen	heizen	meinen
hoffen	bilden	ordnen	kreuzen	stören
tarnen	öffnen	impfen	sichern	

-ung

die Lösung

20

2 Setze passende Nomen aus Aufgabe **1** in die Lücken ein.

Die Ampel an der ____________ ist ausgefallen.

Durch die ____________ bleibe ich hoffentlich gesund.

Das Museum hat eine tolle ____________ von Bildern.

Mir ist kalt. Die ____________ ist ausgefallen.

Meiner ____________ nach ist das keine gute Idee.

Die ____________ steht auf der Rückseite.

Es gibt eine ____________ vor Sturm und Hochwasser. 24

Nachsilben bei Nomen: -nis, -tum, -schaft

Auch mit den Nachsilben **-nis**, **-tum**, **-schaft** kann man aus verschiedenen Wörtern Nomen bilden.
erlauben – die Erlaubnis
reich – der Reichtum
der Freund – die Freundschaft

Manche Wörter musst du verändern, bevor du die Nachsilbe anfügst.

1 Bilde Nomen und schreibe sie geordnet auf.

wissen geheim wild finster reich bereit
erben erlauben eigen verwandt Fürst
eigen irren

-nis
-tum
-schaft

-nis ______________________________

____

-tum ______________________________

____

-schaft ______________________________

____

20

2 Hier stimmt etwas nicht.
Trenne die Nachsilbe mit einem Strich.
Bilde neue sinnvolle Wörter und schreibe sie in dein Heft.

Gemein|nis	Sicherschaft	Manntum	Hinderschaft
Ärgerung	Heilignis	Sendnis	Ergebung

Nachsilben bei Nomen: -keit, -heit

Mit den Nachsilben **-heit** und **-keit** kannst du aus Adjektiven Nomen bilden.
gesund – die Gesund**heit**
tapfer – die Tapfer**keit**

1 Bilde sinnvolle Nomen und schreibe sie mit Artikel auf.
Unterstreiche jeweils den Artikel. Was fällt dir auf?

einsam	fröhlich
ehrlich	ähnlich
fähig	freundlich

-keit

frei	schön
klar	blind
dumm	frech

-heit

die Einsamkeit

20

2 Kreuze richtig an.

Wörter mit den Nachsilben **-ung**, **-heit**, **-keit**, **-tum**, **-schaft**, **-nis** sind

☐ Adjektive ☐ Verben ☐ Nomen

Man schreibt sie

☐ groß ☐ klein

Nachsilben bei Nomen: -keit, -heit

1 Ordne jedem Adjektiv ein Nomen zu.

genau	Leichtigkeit
müde	Genauigkeit
hell	Müdigkeit
leicht	Helligkeit

neu	Gerechtigkeit
gerecht	Feuchtigkeit
schnell	Neuigkeit
feucht	Schnelligkeit

2 Schreibe die Wortpaare aus Aufgabe **1** auf.

> **!** Manchmal wird das Adjektiv verlängert, bevor man die Nachsilbe anfügt.

genau – Genauigkeit

______

______

______

______

______

______

______ 20

3 Setze die Nomen aus dem Kasten passend in den Text ein.

Fröhlichkeit Dunkelheit Leichtigkeit Wahrheit

Eulen können in der ______ sehr gut sehen.

Ronja erledigt mit ______ ihre Aufgaben.

Es ist nicht leicht, immer die ______ zu sagen.

Annes ______ ist ansteckend. 24

Nachsilben bei Nomen: -tion

1 Welche Wörter gehören zusammen? Verbinde.

gratulieren	Gratulation
konzentrieren	Subtraktion
subtrahieren	Addition
addieren	Konzentration

multiplizieren	Nation
organisieren	Multiplikation
national	Sensation
sensationell	Organisation

2 Schreibe die Wortpaare aus Aufgabe **1** auf.

gratulieren – Gratulation

____

____

____

____

____

____

_______________ 20

3 Setze Wortpaare aus Aufgabe **2** passend in die Sätze ein.

Aaron _______________ seiner Oma zum 70. Geburtstag. Die freut sich über die _______________. Die _______________ ihrer Feier war seine Aufgabe, denn er kann gut _______________. Viele Gäste sind gekommen und die Stimmung war _______________. Vor allem die zweistöckige Torte war eine _______________. 24

Nachsilben bei Nomen: -chen, -lein

Mit den Nachsilben **-chen** und **-lein** kann man vieles verkleinern:
die Katze – das Kätzchen   der Bach – das Bächlein

1 Welche Wörter gehören zusammen? Verbinde.

▲ Teller	Schränkchen	■ Bett	Stühlchen
● Blume	Tischlein	■ Glas	Bettchen
▲ Tisch	Blümchen	▲ Stuhl	Büchlein
▲ Schrank	Tellerchen	■ Buch	Gläschen

2 Lies den Text. Welche Dinge aus Aufgabe **1** gehören in welches Haus?
Schreibe die Wörter mit Artikel in die richtige Spalte.

Familie Riesig wohnt in einem großen Haus. Alles dort ist riesengroß. Familie Winzig wohnt in einem kleinen, gemütlichen Häuschen nebenan. Alles dort ist winzig klein.

Familie Riesig	Familie Winzig
der Teller	das Tellerchen

Nachsilben bei Nomen: -chen, -lein

Wichtige Wörter

Setze die Reihe fort:

fröhlich

gefährlich

schrecklich

fröhlich

gefährlich

schrecklich

25

Aus a wird ä,
aus au wird äu,
aus o wird ö,
aus u wird ü.

1 Bilde zu jedem Nomen die Verkleinerung mit der Endung **-chen**.

■ Brot, ● Wurst, ● Mauer,
▲ Wald, ● Hand, ● Maus

-chen

das Brot — das Brötchen

2 Bilde zu jedem Nomen die Verkleinerung mit der Endung **-lein**.

● Maus, ■ Tuch, ▲ Mann,
▲ Bauch, ▲ Fuchs

-lein

3 Unterstreiche jeweils den Artikel der Verkleinerungsform in Aufgabe 1 und 2. Was fällt dir auf?

Nachsilben bei Nomen: -chen, -lein

1 Bilde zu jedem Nomen die Verkleinerung.
Achtung: Hier ändert sich nicht nur der Vokal.

● Nase, ● Krone, ● Puppe,
● Taube, ▲ Haufen

-chen

die Nase — das Näschen

2 Bilde zu jedem Nomen die Verkleinerung.
Achtung: Auch hier ändert sich nicht nur der Vokal.

● Flasche, ● Nase, ● Tasche,
■ Auge

-lein

20

3 Wie heißen diese Dinge bei Familie Winzig?
Schreibe sie in dein Heft.

■ Rad, ▲ Bart, ● Schraube, ▲ Baum, ● Rose,
● Pflanze, ▲ Stuhl

das Rad – das Rädchen

Partnerdiktat

Lass dir die Wörter diktieren.
Schreibe sie auf die nächste Seite.

Lämpchen
Brettchen
Heftchen
Bäumchen
Häuschen
Ersparnis
Ereignis
Ergebnis
Erlaubnis
Freundschaft
Landschaft
Ortschaft
Begegnung
Warnung
Rettung

Partnerdiktat

Schreibe die Wörter, die dir dein Partnerkind diktiert hat. Kontrolliere anschließend.

26

Mit den Nachsilben **-ig** und **-lich** kann man aus Nomen Adjektive bilden:
der Durst – durstig   das Glück – glücklich

1 Welche Nomen und Adjektive gehören zusammen? Verbinde.

Nomen	Adjektive
▲ Schreck	freundlich
● Rutsche	mutig
▲ Mut	rutschig
▲ Freund	schrecklich
▲ Schmutz	schmutzig
▲ Tag	neugierig
● Neugier	gefährlich
● Gefahr	täglich
● Angst	hungrig
▲ Hunger	ängstlich

2 Trage die Adjektive aus Aufgabe 1 passend ein.

Adjektive mit -ig	Adjektive mit -lich
rutschig	schrecklich

21

Nachsilben bei Adjektiven: -ig, -lich

1 Welche Nomen stecken in den Adjektiven? Schreibe sie mit Artikel auf.

südlich	der Süden	eisig	
nördlich		steinig	
westlich		sandig	
östlich		freudig	
wolkig		stündlich	
windig		ruhig	
sonnig		festlich	
schattig		traurig	

2 Löse das Rätsel, indem du Adjektive mit **-ig** oder **-lich** bildest.

Ärger

Ruhe

Geduld

Saft

Ecke

Punkt

Ende

Sorgfalt

Lösungswort: ____________

Nachsilben bei Adjektiven: -ig, -lich

1 Bilde Adjektive mit **-lich** oder **-ig** und schreibe sie passend in die Lücken.

Witz	ein	______	Film
Gift	eine	______	Schlange
Durst	ein	______	Hund
Gefahr	eine	______	Situation
Schmutz	ein	______	Teller
Angst	eine	______	Maus
Vorsicht	ein	______	Kind
Schreck	ein	______	Unfall

2 Hier stimmt etwas nicht. Trenne die Nachsilbe mit einer Linie vom Wort ab. Setze die Wörter dann richtig zusammen und schreibe sie in dein Heft.

fett|lich ritterig flüsslich feierig salzlich friedig richtlich herrig

3 Lies den Text.
Finde zunächst die 7 Adjektive mit **-ig** und **-lich** und unterstreiche sie farbig.

Die Wipfs sind eine schrecklich nette Familie. Bei sonnigem Wetter laden sie gerne ihre Freunde zum Grillen ein. Max ist schon ganz ungeduldig. Er ist fürchterlich hungrig. Heimlich schnappt er sich ein Würstchen und beißt eilig hinein.

Schreibe den Text auf S. 57 ab.

Nachsilben bei Adjektiven: -ig, -lich

1 Bilde zu den Nomen die Verkleinerung mit **-chen** oder **-lein** und schreibe sie in die Lücken.

Ein ________ (Katze) liegt in seinem ________ (Korb) und träumt von der Jagd. Es verfolgt ein ________ (Maus), doch das ist zu flink und saust davon. Da hört das ________ (Katze) Gezwitscher aus dem nahegelegenen ________ (Wald).

Es denkt: „Ein ________ (Vogel) als Abendschmaus kommt mir gerade recht.“ Doch auch das ________ (Vogel) fliegt davon.

Wie gut, dass am Abend im ________ (Schale) leckeres Futter bereitsteht. 20

2 Hier ist Platz für den Abschreibtext von S. 56.
Kontrolliere am Ende noch einmal ganz genau.

____

____

____

____

____

____

____

____

23

Nachsilben bei Adjektiven: -bar, -sam

Auch mit den Nachsilben **-bar**, **-sam**, **-isch**, **-haft**, **-los** und **-voll** kann man aus Nomen, Verben und Adjektiven neue Adjektive bilden:

essen – ess**bar**	Zauber – zauber**haft**
Rat – rat**sam**	Spur – spur**los**
Neid – neid**isch**	Kraft – kraft**voll**

1 Bilde Adjektive und schreibe sie geordnet auf.
Achtung: Manchmal musst du das ursprüngliche Wort etwas verändern.

kosten schweigen Frucht Sicht Halt Mühe
einfühlen wachen danken sparen Wunder folgen
machen Strafe brauchen Rat gemein selten

-bar

-sam

-bar ______________________________

____

____

-sam ______________________________

____

____

21

2 Vervollständige die Sätze mit Wörtern aus Aufgabe **1**.

Johannes bedankt sich für die tolle Hilfe. Er ist ______________.

Merle spart für ein neues Handy. Sie ist ______________.

Der Schmuck hat viel Geld gekostet. Er ist ______________.

Chris hat Mühe auf den Berg zu wandern. Der Weg ist ______________.

24

Nachsilben bei Adjektiven: -isch, -haft

Manchmal musst du das ursprüngliche Wort etwas verändern.

1 Bilde Adjektive und schreibe sie geordnet auf.

Fabel Schmerz Scherz Kind Sturm Dieb Dauer
Mode Automat Zauber Räuber Schreck Zweifel
Fehler Traum Neid regnen wählen

-isch

-haft

-isch ____________________

____

____

-haft ____________________

____

____

21

2 Vervollständige die Sätze mit Wörtern aus Aufgabe 1.

Manchmal benimmt sich Opa wie ein Kind. Dann ist er ____________.

Pia zuckt vor Schreck zusammen. Sie ist sehr ____________.

Tante Else fällt die Wahl schwer, denn sie ist sehr ____________.

Haie sind ____________ Tiere. Man nennt sie auch Räuber der Meere.

Jette interessiert sich sehr für Mode und ist immer sehr

____________ gekleidet.

Es regnet schon den ganzen Tag. Es ist sehr ____________.

Im Text stehen viele Fehler. Er ist ____________.

24

Nachsilben bei Adjektiven: -los, -voll

Viele Wörter können mit beiden Nachsilben Adjektive bilden.

Wichtige Wörter

Setze die Reihe fort:

eigentlich

nämlich

bisschen

eigentlich

nämlich

bisschen

25

1 Bilde Adjektive und schreibe sie geordnet auf.

Sinn Wert Geheimnis Mühe Rat
Hilfe Erfolg Spur Liebe Kraft

-los

-voll

-los ______

______

______

______

-voll ______

______

______

21

2 Vervollständige die Sätze mit Wörtern aus Aufgabe **1**.

Von der Katze gibt es keine Spur. Sie ist

______ verschwunden.

Zoe kümmert sich mit viel Liebe um den

verletzten Hund. Sie behandelt ihn sehr

______.

Der Ring hat einen hohen Wert. Er ist sehr

______.

24

Vorsilben und Nachsilben: Nomen

Es gibt Wörter mit Vorsilbe, mit Nachsilbe
und welche mit Vor- und Nachsilbe.
der Durst – durstig
die Fahrt – die Abfahrt
geben – die Umgebung

1 Färbe die Vorsilben rot und die Nachsilben blau.

Sauberkeit	Gelegenheit	Anzug
Vorstellung	Geheimnis	Altertum
Bäumchen	Verzeichnis	Herrschaft
Eigentum	Entdeckung	Röslein

2 Bilde mit den Wortbausteinen Nomen und schreibe sie mit Artikel auf.

ge-	-mein-	-heit
ver-	-bind-	-nis
ent-	-häng-	-ung
er-	-scheid-	-schaft
	-stell-	
	-geb-	

22

Partnerdiktat

Lass dir die Wörter diktieren.
Schreibe sie auf die nächste Seite.

Beispiel
Fernseher
freundlich
Freiheit
Flugzeug
fertig
durstig
hungrig
langsam
vorsichtig
Vorstellung
Haltestelle
auffällig
zufällig
feststellen

Vorsilben und Nachsilben: Adjektive

Partnerdiktat

Schreibe die Wörter, die dir dein Partnerkind diktiert hat. Kontrolliere anschließend.

26

1 Färbe bei den Adjektiven alle Vorsilben rot und alle Nachsilben blau.

anständig angeblich wunderbar langsam
glücklich vorzeitig geizig entsetzlich
bedrohlich gefahrlos geisterhaft komisch

2 Bilde mit den Wortbausteinen Adjektive und schreibe sie auf.
Manche Wortbausteine passen mehrfach.

Vorsilben	Wortstämme	Nachsilben
be-	-droh-	-lich
ver-	-bind-	-ig
un-	-fühl-	-sam
ein-	-schlag-	-bar
ab-	-stell-	
	-seh-	

22

3 Hier stimmt etwas nicht. Trenne bei den Wörtern die Nachsilbe mit einem Strich ab. Bilde sinnvolle Wörter und schreibe sie in dein Heft.

RUH|SCHAFT HEITERIG EHRSAM GEMEINLICH
FRÖHUNG WANDERLICH EINKEIT

! Manche Wortbausteine passen mehrfach.

1 Bilde aus den Wortbausteinen Nomen und Adjektive.
Schreibe jeweils 5 davon geordnet auf.

ER- ZU- UM-

BE- AN-

-geb- -ständ- -geh- -stell- -wahr-

-nis -ig

-ung -heit -lich

Nomen	Adjektive

22

2 Löse das Rätsel und bilde Nomen mit **-tum**, **-schaft** oder **-keit**.

! Die Lösungswörter stehen unten.

Alter

Wirt

Herr

Fürsten

heiter

eigen

Lösungswort: ______________________

Altertum Wirtschaft Herrschaft Fürstentum Heiterkeit Eigentum

Wortfamilien

1 Umkreise alle Wörter, die zu einer Wortfamilie gehören, mit der gleichen Farbe.

Treffen Esslöffel kommen treffend hoffentlich
Einkommen treffsicher hoffen Treffpunkt essbar
unverhofft Mittagessen Hoffnung hoffnungslos essen
bekömmlich aufessen vollkommen betreffen willkommen

2 Ordne die Wörter den passenden Wortfamilien zu und schreibe sie auf.
Kreise dann alle Wortstämme ein.

-treff- ____________________

-komm-/-kömm- ____________________

-ess- ____________________

-hoff- ____________________

3 Ein Wort in jeder Reihe gehört nicht zur Wortfamilie. Streiche es durch.
Kreise in jedem Wort den Wortstamm ein.

weglassen Nachlass lesen zuverlässig ausgelassen

Wissenschaft Schule bewusstlos wissen wissenswert

Sitz Sofa besitzergreifend sitzen Vorsitzende

Baby Puppe verpuppen Püppchen puppig Puppenstube

bestellen unvorstellbar Gestell stehlen Stelle

Wortfamilien

1 Streiche alle 5 Wörter, die nicht zur Wortfamilie **-fall-/-fäll-** gehören.

fallen Falle fühlen Einfall einfallslos Zufall Glücksfall hinunter
zufällig Unfall auffallend wegfallen ausgefallen Beifall fliegen
auffällig Einzelfall Abfall überfallen fällen fällig Vorfall Gefälle
abholen abfallen Durchfall gefallen einfallen Reinfall stolpern
Wasserfall anfällig auffallend verfallen

2 Finde jeweils sechs Nomen, Verben und Adjektive der Wortfamilie **-fall-/-fäll-** und schreibe sie passend auf.

Nomen	Verben	Adjektive

3 Finde Wörter aus diesen Wortfamilien und schreibe sie auf.

Das Wörterbuch kann dir hier helfen.

-lauf-/-läuf-

-häng-/-hang-

Wortfamilien

1 Kreise in jedem Wort den Wortstamm **-stell-** ein.

Vorstellung Bushaltestelle anstellen abstellen feststellen

2 Setze die Wörter aus Aufgabe **1** in der passenden Form ein.

Lorenz radelt wie der Blitz zur ____________.

Er möchte ins Kino und muss den Bus erwischen, damit er

rechtzeitig zur ____________ da ist. Als er gerade

sein Fahrrad ____________, kommt auch schon der Bus.

Schnell steigt Lorenz ein und ____________ sich beim Fahrer ______,

um zu bezahlen. Als Lorenz endlich beim Kino ankommt, muss er

____________, dass der Film heute ausfällt.

3 Würfelspiel für 2–3 Mitspieler.

Ihr benötigt zwei Würfel. Das Kind, das am Zug ist, würfelt mit einem Würfel die Vorsilbe und mit dem anderen das Verb. Setzt beide Wortbausteine zusammen. Wenn ein sinnvolles Wort entsteht, erhält der Spieler einen Punkt.

Würfel	Vorsilbe	Würfel	Verb
1	ver-	1	-stellen
2	aus-	2	-holen
3	auf-	3	-kaufen
4	ein-	4	-tauschen
5	um-	5	-leiten
6	ab-	6	-raten

Wortfamilien

1 Umkreise alle Wörter, die zu einer Wortfamilie gehören mit der gleichen Farbe.

ruhen bemühen bedrohlich mühsam ruhig mühelos
ausruhen ruhelos drohen Drohung Mühe androhen
Bemühung Unruhe Bedrohung

2 Ordne die Wörter den passenden Wortfamilien zu und schreibe sie auf.
Kreise dann alle Wortstämme ein.

ruh- ______________________________

____

-droh- ______________________________

____

-müh- ______________________________

____

27

3 Umkreise in jedem Wort den Wortstamm **-leih-** farbig.
Setze die Wörter dann in der passenden Form in die Lücken ein.

Leihbücherei verleihen ausleihen Leihgebühr

In der ______________ werden nicht nur Bücher ______________. Gegen eine kleine ______________ kann man auch Spiele oder DVDs ______________.

LZK

Sammlung wichtiger Wörter

1 Du hast auf einigen Seiten wichtige Wörter zum Merken geübt. Sammle sie hier noch einmal auf einer Seite:

S. 12 ______________________________

S. 17 ______________________________

S. 26 ______________________________

S. 32 ______________________________

S. 37 ______________________________

S. 52 ______________________________

S. 60 ______________________________

2 Löse das Kreuzworträtsel. Schreibe jeden Buchstaben in ein eigenes Kästchen.

! Die Lösungswörter stehen unten.

1. Der Wortbaustein am Anfang eines Wortes
2. Ein Namenwort nennt man auch...
3. Der Wortbaustein, der unverändert bleibt
4. Ein Tunwort nennt man auch...
5. Ein Wiewort nennt man auch...
6. Der Wortbaustein am Ende eines Wortes

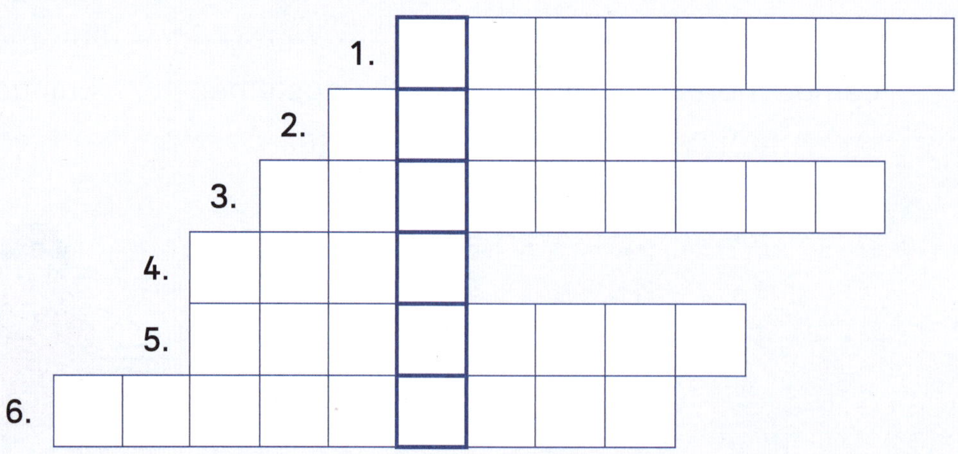

Lösungswort: ______________________________

Vorsilbe Nachsilbe Wortstamm Nomen Verb Adjektiv